Lili Stollowsky

Wir sehen uns im Hundehimmel

Text und Fotos sind urheberrechtlich geschützt.

Jede Verwertung ist ohne Zustimmung des Verlages unzulässig. Dies gilt auch für die elektronische oder sonstige Vervielfältigung, die Übersetzung, die Verbreitung und öffentliche Zugänglichmachung.

Die Deutsche Nationalbibliothek verzeichnet diese Publikation in der Deutschen Nationalbibliografie; detaillierte Daten sind im Internet über www.dnb.de abrufbar.

1. Auflage
©2019 Lili Stollowsky
Herstellung und Verlag:
BoD – Books on Demand, Norderstedt

ISBN: 978-374-948-4096

Mein bester Freund ist tot. Er starb an einem trüben Januarmorgen. Er starb mit fast sechzehn Jahren friedlich in meinen Armen und in der Gewissheit, dass ihm in der Nähe von mir, seinem Frauchen, kein Leid geschehen würde. Er war ein Bobtail-Collie-Mix. Sein Name war Balou.

Er war der schönste und freundlichste Hund der Welt.

Ich habe Kinder und Enkelkinder. Ich lebe mit und unter Menschen, trotzdem war Balou mein bester Freund.

Ich bin nicht esoterisch oder religiös veranlagt. Auch mit der Vorstellung der so genannten Regenbogenbrücke, über die unsere geliebten Vierbeiner nach ihrem Tod in ein Hundeparadies spazieren und dort auf uns warten, kann ich mich, so tröstlich dieses Bild auch ist, nicht anfreunden. Ich weiß, dass mein Hundi-Spundi, mein sanfter Riese, mein Kumpel und Kamerad, tot ist. Sein Körper ist verbrannt und so wie er war, gibt es ihn nicht mehr. Seine immer dreckigen Pfoten und die überall im Haus herumfliegenden Haare, der Duft seines Fells im Sommer, der Geruch aus seinem Maul und das betörende Aroma seines unkastrierten Pipimanns im Winter, wenn er wochenlang nicht zum Baden in den nahe gelegenen Fluss geschickt werden konnte, das alles existiert nicht mehr.

Weder in unserer Welt, noch hinter einer Regenbogenbrücke.

Ich bin aber auch nicht so veranlagt, dass ich wenige Tage nach seinem Tod dachte, fort ist fort, hol Dir doch einfach einen neuen Hund. Meine Fellnase, die mich so lange begleitet hat, lässt sich nicht sofort durch einen anderen Hund ersetzen.

Ich bin beides. Ich weiß, dass Balou für immer fort ist, dass ich ihn nie mehr in meinem Leben sehen, streicheln und mit ihm spazieren gehen kann, und ich weiß, dass er, genauso wie wir Menschen nach unserem Tod, eine jetzt körperlose Seele hat, die in eine Ecke des Universums entschwunden ist, die sich leider unserer genaueren Ortskenntnis entzieht.

Man muss nicht an den lieben Gott glauben, um zu spüren, dass alle lebenden Wesen aus mehr als einem Körper bestehen.

Mein bester Freund Balou ist tot. Er hatte ein wunderbares, langes, gesundes und fröhliches Hundeleben. Wir waren jeden Tag und jede Nacht zusammen. Meine Arbeit erlaubte, dass ich ihn immer mitnehmen konnte. Die wenigen Stunden, in denen ich ihn nicht mitnehmen konnte, wartete er tiefenentspannt und brav zuhause auf mich. Wir haben den Alltag und den Urlaub geteilt. Wir sind mit dem Auto und einem Schiff gemeinsam nach Italien gefahren. Wir haben in einem Zelt geschlafen und im Sommer zusammen im Fluss gebadet. Im Winter sind wir mit Spaß durch den Schnee und missmutig durch Dauerregen gewandert. Sein Bett stand neben meinem.

Balou war immer bei und mit mir. Fast sechzehn Jahre lang. Nur den Fressnapf haben wir nicht geteilt. Ich mag kein Rohfleisch. Wenn ich es mögen würde, hätte er mir seinen Blechteller aber auch ohne Knurren überlassen.

Er war ein sehr gut erzogener Hund. Er ging immer ohne Leine (das Ordnungsamt möge das bitte überlesen), er blieb an Fußgängerampeln und Kreuzungen stehen, um mit mir durch Handzeichen zu kommunizieren, wann er über die Straße gehen dürfte, er wartete beim Bäcker vor der Türe, bis ich meine Brötchen geholt hatte. Er war freundlich zu allen Hunden, Katzen und Menschen. Alle liebten ihn. Er war ein imposanter, stolzer Rüde und gleichzeitig ein sanftmütiger Tollpatsch, der mit einem Schwanzwedeln eine Kaffeetafel abräumen konnte.

Manchmal wusste er nicht wohin mit seinem riesigen Körper. Dann stand er überall im Weg und dachte wahrscheinlich, dass er ein Chihuahua ist, der auf meinem Schoß oder in einer Handtasche Platz findet.

Mit dem intelligenten Denken hatte er es ohnehin nicht so. Wenn ich gefragt wurde, welche Hunderasse er ist, habe ich aus Spaß oft geantwortet, dass er nur wie ein Hund aussieht, aber in Wirklichkeit eine Kreuzung aus Pony und Erbse ist. Die Größe vom Pony, das Gehirn von einer Erbse.

Jetzt ist mein Erbsengehirn nicht mehr da. Ich vermisse ihn so sehr. Ich weiß, dass er ein gutes Leben hatte und einen sanften Tod gestorben ist, aber ich vermisse ihn und trauere so sehr um ihn. Ich habe nicht nur meinen Begleiter und Beschützer, sondern meinen besten Freund verloren.

Für Hundefreunde, denen das gleiche passiert, und es wird allen Hundefreunden passieren, dass der geliebte Hund stirbt, schreibe ich dieses Buch. Und zur Erinnerung an einen wunderbaren, unvergleichlichen und nie ersetzbaren Hund.

Einen Hund, der mich gelehrt hat, dass Hunde für uns Hundemenschen letztendlich auch nur Menschen und oft sogar die besseren Menschen sind.

Ich war schon seit Kind an ein Hundemensch. Meine Eltern waren alles andere als Hundemenschen. Sie fanden, dass Hunde stinkende, überflüssige, Haare verlierende und nichts als Arbeit machende Geschöpfe sind, die am besten an einer Kette zu liegen und das Grundstück zu bewachen haben.

Es gab in meiner Familie niemanden außer mir, der Hunde mochte. Man mochte generell keine Tiere. Außer sie lagen essbar auf dem Teller. Im Nachhinein denke ich, dass man auch keine Kinder mochte, aber das ist eine andere Geschichte.

Wie viele einsame Kinder, brachte ich mir vor dem offiziellen Schuleintritt das Lesen selber bei und fand in der öffentlichen Bibliothek Geschichten, die mir zeigten, dass nicht alle Menschen nur Tiere auf dem Teller lieben. Als kleines Mädchen haben mir die Bücher über Lassie, Fury, Flipper, der gelben Dogge Senta und vor allem Doktor Dolittle geholfen, die, wie man es heute nennt, Resilienz zu entwickeln, eine instabile Kindheit als stabiler Erwachsener hinter mir zu lassen.

Doktor Dolittle war mein Held. Er hat mich in Wirklichkeit erzogen. Von ihm habe ich gelernt, Tiere als gleichberechtigte Lebewesen zu achten. Nicht weil sie als Hundebaby süß und Kätzchen kuschelweich sind oder uns mit Milch, Honig, Wolle und Schnitzeln versorgen, sondern weil sie das gleiche Recht haben auf unserem Planeten zu leben wie wir. Der Mensch ist nicht die Krone der Schöpfung und Alleinbesitzer der Erde. Irgendwann wird er das hoffentlich einsehen und die Ausbeutung, Verachtung und Quälerei von Tieren und das Elend in der Massentierhaltung beenden.

Auch meinen ersten Hund verdanke ich Doktor Dolittle. Ich war etwa sieben Jahre alt, als er mir plötzlich zulief. Er war ein sanfter Riese wie mein Balou, folgte mir auf Schritt und Tritt, schlief neben meinem Bett und ging sogar mit mir in die Schule. Von der Nase bis zur Schwanzspitze war er der perfekte Hund. Er hörte auf seinen Namen, konnte Sitz und Platz und spielte mit mir. Er liebte mich. Sein einziges Problem war, dass er unsichtbar war. Seine Fähigkeit, mich zu beschützen, war deshalb eingeschränkt. Trotzdem half er mir, die Kraft zu entwickeln, meine Liebe zu Tieren in dieser tierfeindlichen Umgebung beizubehalten. Irgendwann entschwand er, ebenso plötzlich wie er aufgetaucht war, aus meinem Kinderleben. Wahrscheinlich hatte er von Doktor Dolittle die Aufgabe erhalten, ein anderes kleines und einsames Mädchen zu trösten.

Bis heute habe ich ihn nicht vergessen. Natürlich wusste ich als Kind, dass er nur meiner Phantasie entspringt, aber er hat mir geholfen zu begreifen, dass Kinder das Recht haben, anders als *ihre Eltern zu denken, zu fühlen und zu sein. In meinem Fall, Tiere als liebenswerte Mitgeschöpfe zu sehen statt als essbares und nur auf dem Teller wertvolles Fleischmaterial*

Bis heute frage ich mich, ob die Liebe zu Tieren angeboren oder anerzogen ist. Bei mir muss sie wohl angeboren sein. Bei meinen Kindern ist sie sicher vererbt und auch anerzogen.

Meine Kinder und Enkelkinder haben von mir gelernt, Tiere zu achten und zu respektieren. Jede sich in die Wohnung aus Versehen verirrte Biene wird mit Hilfe eines Glases wieder ins Freie gebracht. Es würde keinem von uns jemals in den Sinn kommen, Tieren Schmerzen zuzufügen oder Angst einzujagen.

Man muss kein großer Tierfreund sein, um seinen Kindern beizubringen, dass es verboten ist, Tieren Schmerzen zuzufügen oder Angst einzujagen. Ich habe mich zum Schreiben dieses Buches eine Weile aus meinem Alltag ausgeklinkt und ans Meer zurückgezogen. Gestern sah ich, wie zwei etwa zehn und acht Jahre alte Buben, Vater und Mutter waren mit dem Handy beschäftigt, Jagd auf Möwen machten. Nicht wie zweijährige Kinder, denen es Spaß macht in eine Taubenschar zu laufen, um zu sehen, wie sie alle davonfliegen. Nein, die Jungen sammelten große Steine und warfen sie gezielt auf die Möwen, die dort am Strand auf Futtersuche waren. Sie wollten die schönen Vögel mit

Absicht mit den Steinen treffen, sie verletzen und wahrscheinlich sogar töten. Das Schlimmste war, dass sie richtig Spaß an ihrem bösen Tun hatten. Sie freuten sich an der Angst und Panik der Tiere. Die Eltern hatten kein Auge für das, was ihre Kinder trieben. Die Möwen waren klug und sind sofort weggeflogen.

Was mag in den Herzen und Köpfen von zehn und acht Jahre alten Kindern vorgehen, die Tiere mit Steinen bewerfen und sie zielgerichtet töten wollen? Zu wie viel Respekt vor dem Leben und allem Lebendigen sind sie von ihren Eltern erzogen worden? Wie werden sich diese Buben als Erwachsene Tieren gegenüber verhalten? Man muss wirklich kein großer Tierfreund sein, um seinen Kindern beizubringen, dass es einfach verboten ist, Tieren Schmerzen zuzufügen oder Angst einzujagen. Meine Kinder hätten niemals, selbst wenn sie alleine am Strand gewesen wären und ich auf dem Mond, so etwas getan.

Meine Kinder und Enkelkinder sind auch Hundemenschen geworden. Keinen stört es, wenn das geliebte Erbsengehirn es sich mit seiner einer Million Haare auf dem Sofa gemütlich macht, dem Baby genüsslich die Ohren ausleckt, mit einem Schwanzwedeln die Kaffeetafel abräumt und sich in jeder Hosentasche Hundekackbeutel finden. Urlaub ohne Vierbeiner ist kein Urlaub und eine Wohnung zu mieten, in der Hunde verboten sind, *ist undenkbar. Hundemenschen sind einfach anders gestrickt als Nichthundemenschen. Der Pipiduft eines unkastrierten Rüdens und die Spuren von dreckigen Pfoten auf dem Fußboden stören sie nicht. Sie wollen keine klinisch saubere Wohnung. Sie wollen ihr Leben durch Rücksichtnahme auf die Bedürfnisse einer Fellnase mit Absicht behindern lassen.*

Sie lieben ihren Hund, auch wenn er bellt und stinkt, Unfug macht und einem manchmal sogar auf die Nerven geht. Sie lieben immense Tierarztrechnungen und Flecken auf der Hose, weil andere Hunde im Überschwang der Gefühle an ihnen hochgesprungen sind. Sie lieben es, bei Regen dreimal am Tag bis auf die Haut nass zu werden, weil Hundi sein Geschäftchen machen muss. Sie lieben es, mit anderen Hundemenschen über die Zecke, die Waldi hinter dem Ohr hat, zu reden. Sie erkennen einander sofort. Sie haben sich immer viel zu erzählen. Sie gehen jeden Tag zusammen spazieren. Manchmal verlieben sie sich sogar ineinander, weil Bello und Fido immer so nett auf der Wiese miteinander toben.

Und echte Hundemenschen stört es überhaupt nicht, wenn sie von Nichthundemenschen belächelt werden, weil sie so an ihrem Köter hängen.

Mein erster richtiger Hund war Biene, ein Rauhaardackelmädchen, das ich, dumm wie ich damals war, ohne Nachdenken bei einem dubiosen Hundezüchter gekauft habe. Sie war kaum sechs Wochen alt und ein einziges Häuflein Elend. Die Augen und Ohren entzündet, hustend, nicht entwurmt, mit Durchfall und einer Schniefnase. Einige Lehrlingsgehälter habe ich zum Tierarzt getragen, um aus diesem Häuflein Elend einen anständigen Hund zu machen.

Bienchen hat mir ihre Rettung mit lebenslanger Treue vergolten. Wir beide waren wie mit einer unsichtbaren Nabelschnur verbunden. Eine Leine hat sie nie gesehen.

Heute sind Dackel etwas aus der Mode gekommen, man sieht sie nur noch selten, aber der niedliche Wirbelwind hat einen ganz speziellen Charakter. Er ist klein und handlich, aber kein Schoßhündchen. Mutig, selbstbewusst und mit hoher Intelligenz ausgestattet, ist dieser tiefergelegte Bursche mit den Barockbeinen nicht nur ein Familienhund, sondern auch ein guter Wachhund. Seine vor langer Zeit eingekreuzten Terrierahnen zeigen sich manchmal in ungebremstem Jagdtrieb auf Niederwild.

Gejagt hätte Biene nie. Dazu hatte sie viel zu viel Angst, mich auch nur für eine Minute aus den Augen zu verlieren. Das wichtigste Merkmal aller Dackel, die Sturheit, die hat sie aber ohne Scheu ausgelebt. Was sie wollte, wollte sie und nein hieß nein in ihrem struppigen kleinen Dickschädel.

Gekauft habe ich sie, als ich zuhause ausgezogen, aber noch alleine war. Kurz danach habe ich meinen Mann kennengelernt und Kinder bekommen. Biene hat mir geholfen, sie großzuziehen, indem sie jeden Kekskrümel und jeden klebrigen Breifleck auf dem Fußboden beseitigt hat. Sie hat den Kindern beim Laufenlernen als Gehhilfe gedient, indem sie bereitwillig und ohne je zu knurren als Stütze für die noch wackeligen Kinderbeinchen zur Verfügung stand. Sie hat den Stress, den man als Mutter von zwei kleinen Kindern schon manchmal hat, gelindert, indem ich zwecks Gassigehens jeden Tag das Haus nebst Pampers, Fläschchen und Haushaltschaos einfach hinter mir lassen und mit anderen Hundefreunden ein etwas kultivierteres Gespräch als Ada-Ada und Heia-Machen führen konnte.

Als die Kinder größer wurden und laufen konnten, war sie ihr perfekter Spielkamerad. Während ich im Park gemütlich meine Nase in die Sonne hielt und mit den anderen Müttern plauderte, spielte sie unermüdlich mit den Kindern Ball, Fangen, im Bächlein baden, Abenteuer erleben und die Natur erkunden. Biene, so klein und haarig wie sie war, fungierte wie ein Wurfgeschwister. Die Kinder und der Hund sind zusammen im Bett herumgekugelt, sie haben sich wie streitende Hundebabys um Hoheitsrechte gebalgt und oft genug gemeinsam am gleichen Eisbällchen geleckt. Nie hatten meine Kinder jemals einen Wurm oder Floh, im Gegenteil, sie hatten immer rote Bäckchen und waren kerngesund.

An einem Sommertag wurde uns der kleine Hund auf einem Spielplatz einfach gestohlen. Sie wartete, wie immer ohne Leine, am Fuß der Rutsche, während mein Mann aufpasste, dass die Kinder nicht die stählernen Stufen der Rutsche herunterfielen. Als Kinder und Mann unten ankamen, war der Hund weg. Niemand hatte etwas gesehen. Der Hund war und blieb verschwunden.

Wochenlange Suche in allen Tierheimen, in der Umgebung des Spielplatzes, Suchzettel an allen Bäumen und Annoncen in der hiesigen Zeitung blieben für immer erfolglos. Damals gab es noch kein Internet mit Facebook und Co., wo man eine öffentliche Suchaktion hätte starten können. Auch die Organisation Tasso, wo alle gechipten Hunde registriert werden und im Falle eines Verlustes wieder gefunden werden können, existierte noch nicht.

Meine Biene war aus meinem Leben entschwunden. Bis heute kann ich nicht verstehen, warum Menschen einer Familie so einen Schmerz zufügen können. Und natürlich auch dem Hund.

Einem Wesen, das nicht begreift, dass es aus seiner jahrelang ge-
wohnten, liebevollen Umgebung gerissen und zu fremden Leuten
gebracht wird.

Seit dieser Erfahrung, und sie ist schon eine Weile her, habe
ich immer Angst, meinen Hund unbewacht auch nur für einen
Augenblick vor einem Supermarkt anzubinden. Selbst mein
Riesenmonster Balou, vor dem sicherlich viele Leute schon wegen
seiner imponierenden Größe Respekt hatten, habe ich nie aus den
Augen gelassen.

Ich hoffe, dass mein fröhliches, kleines Dackelmädchen nicht
vor Kummer in der Fremde gestorben ist. Ich werde sie nie
vergessen und immer in Liebe an sie zurückdenken. An ihre be-
dingungslose Treue, ihre Anhänglichkeit und an ihren süßen und
struppigen Dickkopf.

Mein zweiter Hund war eine Westhighlandterrierdame mit einem ellenlangen Stammbaum und einem Geburtsnamen, den sich keiner merken konnte und wollte. Für uns war sie Bella.

Wesentlich klüger als vorher, habe ich sie im ordnungsgemäßen Alter von zehn Wochen, schon geimpft, gechipt und entwurmt, ohne Husten, Durchfall und Schniefnase bei einem anständigen Westie-Züchter gekauft. Auf einer Hand habe ich das weiße Fellbündel mit den schwarzen Knopfaugen und der schwarzen Knopfnase nach Hause getragen.

Bald darauf zeigte die süße Madame ihre wahre Bestimmung. Sie war nämlich im falschen Körper geboren.

Zwar von außen ein echter Westhighlandterrier, war sie in Wahrheit ein Mix aus Gartenumgrabemaschine, Katze und irischem Wolfshund.

Der irische Wolfshund in Bella befähigte sie, über alle anderen Hunde zu bestimmen. Ob groß ob klein, ob Rüde oder Hündin. Dackelhoch wie sie nur war, hatte sie vor nichts und niemandem Angst. Sie war freundlich und nett, aber stellte in ihrer Hundesprache all ihren Kollegen direkt klar, dass sie auf jeden Fall der Chef ist. Das kleine Ding wedelte hinten liebreizend mit dem Schwanz und zeigte vorne ihre Zähne, wenn irgendein Hund es nur gewagt hätte, ihre Alphaposition in Frage zu stellen. Kein

Hund, ob fremd oder bekannt, hätte sich getraut, Bella als Chef anzuzweifeln. Sie hat nie geknurrt oder geschnappt, nie in ihrem Leben, sie war eben dieser irische Wolfshund und alle anderen Hunde haben ihr gehorcht.

Die Katze in ihr war einfach eine Katze. Sie kuschelte und schmuste nur, wenn sie wollte und es ihr gerade in den Kram passte. Falls nicht, wurde ich auch schon mal angemault. Sie schlief in meinem Bett, im Winter unter der Bettdecke. Wo soll so eine arme, frierende Katze denn sonst schlafen? Etwa im kalten Hundekörbchen? Wie oft habe ich mir Sorgen gemacht, dass der Hund mit seinen knapp acht Kilo unter der schweren Bettdecke erstickt, aber jeden Morgen kroch sie lustig zerzaust und fröhlich wieder aus dem Federberg. Sie hasste Regen und Schnee. Mit diesem angewidertem Blick, den nur Katzen zeigen können, schüttelte sie ihre Pfoten, wenn sie mit so Widrigkeiten wie Nässe oder Kälte in Berührung kamen. Bella ging nur bei schönem Wetter spazieren. Bei schlechtem Wetter spielte sie ein Spiel, das sonst nur Katzen spielen. Es hieß „Mäuschen jagen". Wenn ich mit den Fingern unter einer Decke so tat, als ob etwas Lebendiges dort herumkrabbeln würde, jagte sie es. Es war ihr völlig egal, ob sie sah, dass es meine Finger sind oder nicht. Sie wurde zum wütenden Tiger und attackierte das vermutliche

Mäuschen unter der Decke. Ihre schwarzen Knopfaugen blitzten vor Mordlust und im Eifer des Gefechts konnte es mit einem blutenden Loch in meinem Finger enden. Wenn ich mit dem Krabbeln unter der Decke aufhörte, wurde sie sofort wieder das liebe Superkätzchen, das Frauchen niemals in den Finger beißen würde.

Bella war eben auch ein gut erzogener Hund. Sie ging immer ohne Leine. Ich glaube, dass jeder gut sozialisierte und gut auf seinen Menschen geprägte Hund ohne Leine gehen kann. Nur eine zum Mitnehmen als Attrappe für das Ordnungsamt oder für eine Begegnung mit Menschen, die Angst vor Hunden haben. Der Alphawolf bindet seinen Rudelmitgliedern doch auch keine Leine um. Die untergeordneten Wölfe bleiben freiwillig in der Nähe ihres Chefs, sie wollen gehorchen und ihm gefallen. Außer es kommt das Thema Sex in die Quere. Aber bei diesem Thema kommt ja nicht nur den Hunden manchmal etwas in die Quere. Falls Sie einen Hund haben, der mit Ihnen an der Leine Gassi geht, beziehungsweise Sie an der Leine hinter sich herschleift, egal ob Dogge oder Rehpinscher, sollten Sie in einem ruhigen Moment die Sache mit dem Chef noch mal überdenken.

Außerdem bleibt ein Hund immer ein Hund und damit, genauso wie Kinder, unberechenbar.

Ein Erlebnis mit Bella hat sich in mein Gedächtnis eingebrannt und mir klargemacht, dass auch der bestens auf den Mensch geprägte Hund eine zumindest griffbereite Leine braucht.

Das immer folgsame Hundilein und ich lagen in der Sonne auf der Wiese, ohne Leine, und plötzlich wurde das Tier von einer Biene, die mindestens so groß war wie ein Hubschrauber, in den Po gepiekt. Das Hundilein bekam eine mittelschwere Panikattacke und rannte los. Ohne sich noch einmal umzuschauen, geschweige denn auf mich zu hören, Richtung vielbefahrene Straße. So laut habe ich noch nie geschrieen, so schnell bin ich noch nie gerannt, bis ich die Töle kurz vor den Rädern eines Lastwagens am Kragen schnappen konnte. So heftig habe ich noch nie mit ihr geschimpft, obwohl es völlig sinnlos war, denn es war meine Schuld, nicht damit zu rechnen, dass sie in Panik geraten und weglaufen könnte.

Dem Alphawolf wäre es vermutlich egal gewesen, wenn eines seiner Rudelmitglieder durch eigene Doofheit platt wie eine Briefmarke auf der Straße geklebt hätte. Mir war es nicht egal.

Seitdem habe ich mich mit Hund ohne Leine nur noch auf Wiesen ohne die Nähe vielbefahrener Straßen in die Sonne gelegt. Dort konnte meine liebenswert verrückte Bella in Ruhe den dritten Teil ihres aus Versehen im Körper eines Westhighlandterriers geborenen Hundes, in Wahrheit aber zur Gartenumgrabemaschine bestimmt, ausleben. Ich musste nur die drei Worte „such das Mäuschen" zu ihr sagen, dann legte sie los. Mit dem gesamten Körper die gesamte Wiese umgrabend, die Nase und Schnauze voll Erde, immer halb am Ersticken, aber grenzenlos glücklich, war sie in ihrem Element. Sie brauchte keinen Frisbee, keinen Quietschball, kein Agility-Training und keine anderen Hunde. Abends fiel sie todmüde ins Bett, natürlich in meins, und eine Million Erdklümpchen fielen ebenso friedlich und selig mit ihr in Schlummer.

Der kleine Hund wurde siebzehn Jahre alt. Sie hörte kaum mehr, ihre Augen waren sehr schlecht und ein bisschen dement war sie am Ende auch. Wenn ich mit ihr spazieren ging und zwei Leute auf der Straße miteinander plauderten, ließ sie sich auf ihr Hinterteil fallen und merkte nicht, dass nicht ich es war, die dort stand. Mehrere Male pieselte sie, die absolut stubenrein gewesen war, direkt vor meinen Augen in die Wohnung. Nicht, weil sie ihr Pipi nicht mehr halten konnte, sondern weil sie nicht mehr wusste, dass statt Wiese der Teppichboden unter ihrem Po war.

Mit sechzehn Jahren bekam sie einen Gesäugetumor, den ich operieren ließ, der ein Jahr später doch streute und zu mehreren

Geschwüren an ihrem Bäuchlein führte, die immer aufbrachen und wenig appetitliche Flüssigkeit absonderten.

Schweren Herzens entschied ich mich doch irgendwann für den letzten Gang zum Tierarzt. Zum Frühstück bekam mein kleines Westiemädchen das Fleisch von einem halben Huhn, zum Nachtisch gab es in meinen Armen die Spritze beim Tierarzt. Letzte Fotos von Bella kurz vor ihrem Tod, zeigen mir heute, in welchem erbärmlichen körperlichen Zustand sie vor dieser Entscheidung schon war.

Dieser Zeitpunkt für den letzten Gang zum Tierarzt, ist für alle Hundehalter eine sehr schwierige Entscheidung. Man will den geliebten Hund nicht leiden lassen, man will ihn aber auch nicht verlieren.

Am Ende muss man trotzdem entscheiden.

Ja oder nein.

Leben oder Tod.

Dem Tod und dem Abschied noch ein paar quälende Tage abringen oder dem Hund helfen, und ihn in Frieden und sanft gehen lassen.

Die meisten tierliebenden Menschen fühlen sich nach dieser Entscheidung schuldig und wie ein Mörder. Ich war es, die diese Entscheidung getroffen hat. Ich habe das Tier zum Tierarzt gebracht und ihm diese Spritze geben lassen. Ich bin schuld an seinem Tod. Das Tier ist nicht auf natürlichem Wege gestorben, an Krankheit, Altersschwäche oder plötzlich im Schlaf. Sie quälen sich tage-, wochen-, manchmal monatelang mit Schuldgefühlen. Ich habe mich auch mit Schuldgefühlen gequält und wie eine Mörderin gefühlt, bis ich verstand, dass meine Bellamaus nicht plötzlich im Schlaf oder ohne Leid friedlich an Altersschwäche gestorben wäre, sondern einen elenden Tod voller Leid und Schmerzen zu erwarten gehabt hätte.

Und nur das muss für diese Entscheidung zählen.

Leider ist nur wenigen Hunden das Glück vergönnt, plötzlich im Schlaf und ohne Leid zu sterben. Die meisten Hundebesitzer werden, wenn der Hund alt, krank und schwach geworden ist, mit dieser schweren Entscheidung konfrontiert.

Alles Leben ist endlich und leider werden unsere Fellnasen nicht so alt wie wir Menschen. Sechzehn, siebzehn oder gar achtzehn Jahre sind für einen Hund, je nach Rasse und Größe, ein biblisches Alter.

Stellen Sie sich, wenn Sie vor dieser Entscheidung stehen, mit Ihrem Herzen und Ihrem Verstand diese zehn Fragen:

1. Vertraue ich dem Urteil meines Tierarztes?

2. Möchte ich noch einen weiteren Tierarzt konsultieren?

3. Wie viel Lebensfreude hat mein Hund noch?

4. Frisst und trinkt er noch mit Lust und Appetit?

5. Kann er noch in Würde seine Toilettenangelegenheiten erledigen?

6. Hat er trotz Gabe von starken Medikamenten permanent Schmerzen?

7. Wird er mit seinem Leiden irgendwann friedlich und ohne Leid einschlafen oder einen, vielleicht tagelangen Todeskampf zu erleiden haben?

8. Wird er jämmerlich ersticken wegen Herzschwäche und Wasser in der Lunge?

9. Möchte ich meinem Hund zumuten (und dabei zusehen), wie er einen elenden und qualvollen Tod stirbt?

10. Hat mein Hund das verdient, dass ich ihn am Ende so leiden lasse oder liebe ich ihn und lasse ihn in Frieden und sanft gehen?

Wenn Sie mehrere dieser Fragen mit klarem Ja oder Nein für oder gegen das Einschläfern beantworten können, geben Sie ihrem Herzen einen Stoß und vereinbaren den Termin beim Tierarzt.

Bleiben Sie bis zum letzten Schritt und Moment bei Ihrem Hund, halten Sie ihn in den Armen oder sein Köpfchen, versuchen Sie, keine Panik, sondern Ruhe zu verbreiten und streicheln sie ihn, bis sein Herzchen aufgehört hat, zu schlagen.

Sie können das und Sie schaffen das. Es ist weniger schlimm als Sie befürchten. Der Hund weiß nicht, dass er eingeschläfert wird. Er weiß Sie an seiner Seite und geht davon aus, dass das nur derselbe dumme Tierarztbesuch ist wie immer.

Entgegen aller Horrorgeschichten, die im Internet zu lesen sind, wird das Tier sich weder schreiend noch furchtbar krampfend gegen den Tod wehren. Es bekommt eine einzelne Spritze oder eine Infusion, in der eine Überdosis Narkosemittel ist und schläft sanft ein.

Lassen Sie Ihren Hund nicht in der Tierarztpraxis. Dort würde er einer so genannten Tierkörperwertungsanstalt zugeführt und was das heißt, will niemand wissen.

Nehmen Sie ihn mit zu sich heim. Dort können Sie ihn einen Tag oder zwei bis drei (je nach Jahreszeit) aufbahren und in Ruhe von ihm Abschied nehmen. Kerzen aufstellen und mit ihm sprechen, ihm noch einmal erzählen, was für ein wunderbarer Freund und Kamerad er war und Ihren Tränen und der Trauer freien Lauf lassen.

Heute gibt es viele wunderbare Möglichkeiten, auch unseren Tieren eine gute und würdevolle Grabstätte zu geben. Wenn Sie

einen eigenen Garten besitzen, dürfen Sie ihre Tiere dort begraben. Sie können auf einem Tierfriedhof den Körper in einem Grab bestatten oder nach einer Feuerbestattung fragen. Sie können zwischen einem Einzelgrab oder einer Einzelfeuerbestattung wählen und die Asche in einem hübschen Gefäß zurückbekommen. Sie können sich aus der Asche sogar einen Diamanten pressen lassen.

Ich habe meine Bellamaus in einem Grab mit anderen Hunden bestatten lassen. So kann sie nach ihrem Tod weiter den irischen Wolfshund zur Schau tragen und in der Erde weiter nach „Mäuschen suchen". Bis in alle Ewigkeit wird sie dort mit ihren Hobbies glücklich sein.

Ich war natürlich nicht glücklich, als der weiße Wirbelwind aus meinem Leben verschwunden war. Im Gegensatz zu meinem ersten Hund Bienchen, wusste ich aber, dass Bella ein langes Leben bei mir hatte und einen sanften Tod. Das half mir bei der Trauerbewältigung.

Da dieses Buch aber nicht nur niedliche Hundegeschichten erzählen will, sondern an meinen Balou erinnern und gleichzeitig anderen Hundemenschen beim Tod ihres Vierbeiners trösten möchte, tut es mir leid, dass ich mitten in die niedliche Geschichte über Bella diese erschreckenden Fragen über das Einschläfern und die Berichte von Krankheit und Leid geschrieben habe. Es gehört aber zum Leben mit Hund dazu.

Über die einzelnen Phasen der Trauer und die Trauerbewältigung wird es in den Kapiteln zu Balou weitergehen.

Zuerst geht es jetzt aber niedlich weiter.

Mein dritter Hund war Balou. Zum ersten Mal kein Mädchen, sondern ein Rüde. Zum ersten Mal kein Rassehund, sondern ein Mix aus Bobtail und Collie. Zum ersten Mal nicht dackelhoch, sondern groß wie ein Pony.

Mit zwölf Wochen war er der hässlichste Hund, den ich jemals gesehen hatte. Aus einem pummeligen, quadratischen Körper, der lediglich aus grau-weißem Flaum bestand, ragte eine Pinocchio-Nase, ein pfeilartiger Stumpen, der nicht zum Rest des Körpers passte. Die ungelenken und unbehaarten Beine hingen irgendwie und irgendwo aus diesem lebenden Plüschtier heraus. Die Pfoten waren riesig wie Suppenteller und die Augen in dem Gewirr der Haare überhaupt nicht zu erkennen.

Hundebabys sind von Natur aus immer süß. Ebenso wie Menschenbabys und andere Tierkinder. Von Stechmücken und Vogelspinnen vielleicht einmal abgesehen. Das hat mit dem so genanntem Kindchen-Schema zu tun. Dieses Kindchen-Schema, rundes Gesichtchen, hohe Stirn, große Kulleraugen und eine kleine Knubbelnase, weckt in normal sozialisierten Menschen den Beschützerinstinkt und ruft spitze Freudenschreie, vor allem bei Frauen, hervor. Balou hatte als Hundebaby nichts, was irgendwelche Beschützerinstinkte oder Freudenschreie hätte hervorrufen können. Dieser vollkommen unproportionale Hund aus flaumigem Plüsch mit seiner spitzen Nase und den viel zu langen Beinen war im besten Fall interessant, aber nicht süß.

Auf den Arm nehmen, ließ er sich auch nicht. Kuscheln und Schmusen war nicht seins. Zudem war er rotzfrech. Er lief überall hin. Ohne Hirn auf die Straße, fremden Leuten zwischen die Füße, bis sie stolperten, Hauptsache weg, nur nicht lieb und brav hinter mir her. Normalerweise laufen Hundebabys immer hinter den Menschen, die sie kennen, her.

Mein Sohn, der damals in Berlin studierte, hatte ihn auf einem Bauernhof bekommen. Die Bauern waren vermutlich froh, als sie ihn los waren. Ich habe meinen Sohn besucht und Balou, als er zwölf Wochen alt war, gesehen. Ich liebe Hunde, egal wie sie aussehen, aber ich weiß noch, dass ich dachte, wie kann er sich nur so einen hässlichen Hund holen, eine Promenadenmischung aus spitzer Nase, plusterigem Hinterteil und Suppentellerfüßen.

Natürlich habe ich ihm das nicht gesagt, denn er liebte den kleinen Kerl.

Bei mir war es keine Liebe auf den ersten Blick.

Die Liebe kam erst auf den zweiten Blick.

Balou war jetzt elf Monate alt, mein Sohn wechselte den Studienort und kam im Auto von Freunden und mit zwei Koffern zurück in unsere Stadt.

Wir hatten uns zum Abholen an einer Autobahnraststätte verabredet. Als erstes sah ich den schönsten Hund meines Lebens. Riesig, imposant und artig wartend, mit wunderschönem grau-weißem Fell, langen Beinen, perfekt proportioniertem Körper, dicker schwarzer Knubbelnase und wachen und klugen Augen. Ich bewunderte dieses außergewöhnlich zauberhafte Tier und suchte meinen Sohn mit seinem im besten Fall interessanten Hund.

Und da stand er, an der verabredeten Stelle, neben sich an der Leine dieses zauberhafte außergewöhnliche Tier, dem schönsten Hund der Welt.

Natürlich sind Hunde zum Lieben und nicht zum Angucken oder Bewundern ihrer Schönheit da, aber wir schauen doch gerne auf einen schönen Menschen oder Hund oder ein besonders schönes Pferd. Nicht, dass ich Balou weniger geliebt hätte, wenn er so hässlich wie als Baby geblieben wäre. Aber so war es einfach Liebe auf den zweiten Blick.

Mein Sohn wohnte mit dem Hund in einer Studentenbude und studierte, was das Zeug hielt. Viel Zeit hatte er nicht. So kam es, dass Balou immer öfter und öfter bei mir war, wir eine Art geteiltes Sorgerecht für den Hund hatten, und als mein Sohn nach Beendigung seines Studiums ins Ausland zog, bekam ich *das alleinige Sorgerecht. Baloudidudi war jetzt mein Hund.*

Er war gut erzogen. Mein Sohn hatte zwischen Diplomarbeit und Studium ganze Arbeit geleistet. Den Welpen, der immer hirnlos auf die Straße und den Leuten zwischen die Füße gerannt war, gab es nicht mehr. Rotzfrech war er auch nicht mehr. Nur auf den Arm nehmen und kuscheln war nach wie vor nicht seins. Das blieb auch sein ganzes Leben so. Vermutlich war es unter seiner stolzen Rüdenwürde, sich mit so Frauenkram wie Kuscheln und Schmusen abzugeben.

Balou konnte Sitz und Platz und wartete im Liegen geduldig, wenn man ihm das sagte. Er gab rechts und links Pfötchen. Er bettelte nie bei Tisch. Er setzte sich und wartete, bis man ihm seinen Futternapf hingestellt hatte. Er hätte mich nie bedrängt, den Futternapf schneller hinzustellen. Er fraß draußen keinen Unrat. Er jagte nicht. Er machte nie etwas kaputt. Er drängelte sich nicht vor. Weder an der Tür noch woanders. Er kläffte nicht sinnlos herum. Er kannte das Kommando Aus und das Wort Nein.

Nur wenn er hübsche Hundedamen sah, vergaß er seine gesamte gute Erziehung und ging stiften. Aber von diesem Thema Sex, der nicht nur Hunden in die Quere kommen kann, habe ich bereits berichtet.

Das letzte Jahr seines unkastrierten Rüdenlebens hat sich mein Hundeopi, der in Menschenalter ja weit über hundert Jahre alt war, dann darauf beschränkt, den Damen aus der Ferne wohlwollend zuzuschauen.

Das erste Mal, als ich alleinverantwortlich mit Balou spazieren ging, war er noch kein Hundeopi, sondern ein knappes Jahr alt. Ich kann mich noch genau erinnern, welchem Weg ich mit ihm gegangen bin. Weit entfernt von Straßen und mitten im Grünen. Ich bin mit dem Auto mindestens eine halbe Stunde herumgefahren, um den optimalen Weg zu finden. Da der Hund mich zum einen nicht gut kannte, zum zweiten gerade mitten in der Pubertät war und drittens für mich so ungewohnt riesig, hatte ich ordentliche Bedenken, wie so ein Spaziergang enden könnte. Ich bin eine zierliche Frau und befürchtete, dass er mich mit seinen mehr als dreißig Kilo Lebendgewicht und seiner geballten Pubertätsenergie ignorieren und hinter sich herschleifen würde.

Wir stiegen aus dem Auto und gingen los. Natürlich hatte ich ihn an der Leine. Baloudidudi trottete sanft wie ein Lamm neben mir her, hob ab und zu sein Bein, schnupperte in der Gegend herum und gehorchte mir, als ob er mich seit seiner Geburt kennen würde. Nach einiger Zeit dachte ich, sei nicht so ängstlich, Du hast eine Menge Hundeerfahrung, Dir ist noch nie ein Hund weggerannt oder hat Dich hinter sich hergeschleift, lass das arme Tier doch frei laufen. Spaziergehen an der Leine ist langweilig. Ich ließ die Leine fallen, vorsichtshalber hatte ich sie am Halsband gelassen, damit ich im Notfall drauftreten und ihn am

Wegrennen hindern konnte. Baloudidudi trottete sanft wie ein Lamm neben mir her, hob ab und zu sein Bein, schnupperte in der Gegend herum und gehorchte mir, als ob er mich seit seiner Geburt kennen würde. Wieder nach einiger Zeit dachte ich, das sieht albern aus, wenn der Hund mit der Leine, die er am Boden hinter sich herschleift, spazieren geht. Ich nahm meinen Mut zusammen und machte die Leine ab. Im schlimmsten Fall würde er stiften gehen. Baloudidudi trottete sanft wie ein Lamm neben mir her, hob ab und zu sein Bein, schnupperte in der Gegend herum und tat so, als er mich seit seiner Geburt kennen würde.

Vermutlich dachte er, was macht diese Frau für einen Zirkus mit der Leine. Erst mit dem Ding, dann hinterher ziehen auf dem Boden, dann ohne das Ding. Ich gehe doch brav mit und denke in keinster Weise an Weglaufen.

So war er, mein bester Freund Balou. Zuverlässig und treu.

Von unserem ersten bis zu unserem letzten Spaziergang.

Niemals hätte er sich weiter als fünfzig Meter von mir entfernt oder wäre aus meinem Blickfeld verschwunden, um etwas zu jagen oder im Gebüsch nach alten Essensresten zu graben.

Und wenn es doch passierte, musste ich ihn nie lange suchen. Er war einfach bei der nächsten hübschen Hundedame.

Selbstverständlich hatte der zuverlässige und treue Hund auch ein paar Macken. So wie alle Hunde und – ehrlich gesagt – wir Menschen doch auch.

Balou hatte Angst vor dem Friseur. Es war aber keine wirkliche, echte Angst, mehr eine Abneigung. Im Winter ließ ich ihm zwecks Wärmedämmung das Fell wie Kraut und Rüben wachsen. Am ersten Frühlingstag sah er aus wie ein verfilzter Langhaarteppich und war reif. Ich schnappte mir den Hund und eine Schere und ging mit ihm zur nächstgelegenen Wiese. Balou wusste genau, was dieses schreckliche Werkzeug machen würde. Es würde ihm nicht nur das Fell, sondern auch seine Manneszier abschneiden. Zuerst legte er sich bereitwillig hin und ließ sich die Haare am Rücken und auf den Beinen kürzen. An der Brust ließ er die Schere mehr gottergeben als bereitwillig ihr Werk tun. Kam ich aber in die Nähe seiner heiligen Teile, wurde er zum bösen Wolf. Er knurrte mich an, zog die Lefzen hoch, zeigte seine Zähne und drohte, notfalls auch in meine Finger, zu beißen. Dann sprang er auf, rannte weg und bellte mich empört aus der Ferne an. Da aber genau innen zwischen den Hinterbeinen und an seinem Po der dickste Filz saß, lockte ich ihn mit süßen Worten zu mir und versuchte, weiter zu machen. Nicht mit ihm. Empört attackierte er sofort wieder die

Schere und rannte bellend weg. Dieses Spiel wiederholten wir ungefähr tausendmal. Bis ich die Geduld verlor, ihn an die Leine nahm und zwang, bei mir und liegen zu bleiben. Knurrend und ununterbrochen wegzuckend, kurz vor einem Herzinfarkt, ließ er sich seine Manneszier von mir abschneiden. Nein, natürlich nicht. Weil der Hund aber ununterbrochen zuckte und knurrte und sich benahm, als ob er kurz vor einem Herzinfarkt stünde, war ich ungeschickt und nervös, und so konnte es passieren, dass ich ihn aus Versehen mit der Schere piekte. Das hat sein Vertrauen in den Friseurbesuch bei mir nicht gerade verstärkt und seine Abneigung gegen die Prozedur, die aber alle zwei Monate im Sommer nötig war, vertieft. Ein professioneller Hundefriseur hätte ihn vermutlich gewaltsam in Narkose legen müssen. Kaum war klar, dass das Tier nun den schicken, neuen Kurzhaarsommerschnitt hat, legte es sich breitbeinig auf den Rücken vor mich auf die Wiese und zeigte mir, dass doch noch alles an ihm dran war. Wie gesagt, es war weniger eine echte Angst, mehr eine Abneigung.

Balou hatte Angst vor dem Wind. Aber auch das war keine wirkliche Angst, sondern mehr ein Spleen. Draußen in der freien Natur störte er sich weder an Wind, Sturm oder Orkan. Vollkommen ungerührt von zugigen Wetterlagen ging er spazieren und ließ sich, egal was am Himmel los war, sein Fell um die Ohren wehen. Sobald er aber in der Wohnung war und ich es wagte, zwei Fenster gleichzeitig zu öffnen und es ein bisschen Durchzug gab, drückte sich der Hund, der mir fast bis zur Hüfte reichte, schutzsuchend an mich. Frauchen, ich fliege gleich weg, schienen seine schreckgeweiteten Augen zu sagen, ich werde von den Pfoten gepustet und nur Du kannst mich vor diesem Schicksal retten, mach bitte wenigstens ein Fenster wieder zu. In der Regel gehorchte ich, ihn aber laut auslachend, seinem Flehen. Na gut, bevor Du dicker, großer, schwerer Hund mit Deinen Suppentellerpfoten wegfliegst, verjage ich eben den bösen Wind wieder aus unserer Wohnung.

Das einzige, wovor er wirklich Angst hatte, waren Schiffstreppen. Es war nicht nur Angst, sondern eine handfeste und ausgewachsene Phobie. Schiffstreppen sind aus Metall und haben kein Sichtschutzgitter. Wenn der Hund mit mir in Urlaub fuhr, und er fuhr immer mit mir in Urlaub, war es der Horror für uns beide, mit dem Schiff auf eine italienische Insel überzusetzen. Der Hund wusste natürlich nicht, dass ihn wieder diese Treppen erwarteten, wenn wir mit dem Auto in den Schiffsbauch fuhren. Er freute sich, weil ich mich freute, wieder auf meine Insel zu kommen. Er ließ sich die Leine anlegen und stieg aus dem Auto aus. Sobald er den Geruch, die Geräusche und das Schwanken des Schiffs in den Wellen registrierte, wurde er zu Stein, stemmte seine Pfoten in den Boden und weigerte sich, noch einen Schritt zu gehen. Wegen der Hitze und der Abgase im Schiffsbauch, dürfen Hunde aber während der Überfahrt nicht im Auto bleiben. Man darf auch als Passagier nicht in der Nähe des Autos bleiben. Man muss die steilen, metallenen Treppen hoch auf Deck. Mein Hund wollte aber nicht an Deck. Wir mussten aber. Die italienischen Matrosen können ruppig werden, wenn ein Passagier oder der Hund eines Passagiers, das Beladen, korrekte Einparken von hunderten von Autos und das sichere Verbringen auf Deck von ebenso vielen Menschen, störend aufhält. Hoch ging es noch. Mit gutem Zureden und ein bisschen an der Leine ziehen, konnte ich Balou überreden, die Treppe hochzuklettern. Während der Überfahrt sonnte sich der Hund entspannt im Fahrtwind und ich quälte mich mit der Frage, wie ich ihn zurück zum Autodeck kriegen würde. Meine schlimmsten Ahnungen wurden bestätigt. Ich werde diese verdammten Stufen nicht runtergehen, hatte mein lieber Hund beschlossen und zog das eiskalt durch. Hinter ihm hunderte von Menschen, die, erst belustigt, später wütend, weil sie zurück zu ihrem Auto wollten, mir Ratschläge gaben. Nehmen Sie den Hund auf den Arm und *tragen ihn, war noch der netteste Vorschlag. Der Hund lässt sich nicht auf den Arm nehmen. Das ist kein Zwergpinscher, den man in die Handtasche stecken kann. Gehen Sie ohne ihn vor, dann kommt er von alleine nach. Dann macht er kehrt und sonnt sich weiter auf Deck. Oder er stirbt vor Angst. Geht das hier jetzt endlich mal weiter, schmeiß den blöden Köter doch einfach die Treppe runter. Und das war nur das hinter uns. Vor uns die ruppigen Matrosen, die am Entladen und Ausparken von hunderten von Autos gehindert waren und unter großem Zeitdruck standen. Mein Hund blockierte ein ganzes Schiff samt Touristen, Autos, Matrosen und Fahrplänen. Nichts ging mehr. Nichts vor und nichts zurück. Kein gutes Zureden, kein bisschen und auch kein bisschen viel Ziehen an der Leine. Ich dachte, ich bin in einem Film von Mister Bean. Irgendwann erwog ich, den blöden Köter wirklich einfach die Treppe runter zu schmeißen. Meine angeborene Tierliebe hielt mich aber davon ab. Ich versuchte, ihn hochzuheben und doch zu tragen, obwohl ich wusste, dass er sich das nicht gefallen lassen würde. Schon gar nicht in einer Situation mit wütenden Menschen und einem aufgelösten Frauchen. Panisches Schreien, Strampeln und nach mir schnappen, war seine Antwort. In den Etagen zwischen Deck und Schiffsbauch ist es heiß. Mir war mehr als heiß. Ich dachte,* ich kriege einen Kreislaufkollaps und falle wie ein Stein neben den Hund, der, ebenso wie ein Stein, festgemeißelt und mit vier eisern von sich gestreckten Pfoten nicht vor und nicht zurück zu bewegen war. Das Schauspiel mit dem Kollaps wollte ich aber einem Schiff samt Inhalt nicht bieten. Das Geschrei vor und hinter mir, konnte ich aber auch nicht länger ertragen. Ich packte Balou am Genick und schleifte ihn wie einen vollen Kartoffelsack die Treppe herunter. Sein ohrenbetäubendes Quietschen und das Protestgeschrei überhörte ich geflissentlich, stürzte mit hochrotem Kopf zu meinem Auto, bugsierte das störrische Tier hinein und verschwand so schnell wie möglich von dem Schiff.

Der Hund zitterte am ganzen Leib. Ich auch. Zur Beruhigung mussten wir auf der Insel erstmal in Ruhe einen Capuccino trinken. Später, für die Rückfahrt und andere Reiseabenteuer zu Wasser, habe ich erfahren, dass es auf allen Schiffen einen Fahrstuhl gibt, der nicht nur Menschen mit Gehproblemen, sondern auch Hunde mit Phobien transportiert.

Sonst hatte Balou vor nichts Angst. Auch nicht vor Sylvester, absolut schussfest ließ er das Geknalle jedes Jahr aufs Neue über sich ergehen. Biene und Bella waren in dieser Nacht vor Angst immer fast gestorben.

Vielleicht hatte er auch so wenig Angst, weil er sich mit seinem Erbsengehirn nicht vorstellen konnte, dass es weitere Sachen geben könnte, vor denen Hunde Angst haben könnten.

Er war kein Bordercollie, der fünfundachtzig verschiedene Spielsachen am Namen erkennt. Als Polizeihund wäre er sofort ausgemustert worden. Er hätte jeden Einbrecher freudig begrüßt. Als Lawinensuchhund hätte er sich verlaufen. Bei der Fährtensuchprüfung wäre er mit Pauken und Trompeten durchgefallen. Alle Versuche, ihm beizubringen, ein Spielzeug am Namen zu erkennen und zu apportieren, endeten damit, dass er mich anbellte, als ob er sagen wollte, such doch Deinen Kram selber. Als Schlittenhund hätte er zwar gepasst, aber mit Tempo und Orientierung hatte er es nicht so. Und als Blindenhund wäre er, statt mitzudenken und auf seinen Schutzbefohlenen aufzupassen, eher selbst mit seinem Riesenschädel gegen einen Laternenmast gelaufen. Er konnte zwar rechts und links Pfötchen geben, aber auch das hat er immer verwechselt. Bei dem Spiel, Mach Sitz und warte, bis ich Dir einen Tennisball zuwerfe und Du ihn mit dem Maul fangen musst, machte er zwar brav Sitz, wartete und schaute mich erwartungsvoll an, aber wenn der Ball flog, machte er weiter Sitz und schaute mich erwartungsvoll an. Der Ball flog an ihm vorbei und der Hund wartete immer noch. Fünf Minuten später fiel ihm ein, dass irgendwie ein Tennisball an ihm vorbeigeflogen war, den er dann irgendwo ohne Erfolg suchen ging.

Er war wirklich keine Intelligenzbestie.

Er war ein Knuddelbär. Ein Tollpatsch.

Eine Seele von Hund mit dem Wesen eines Engels.

Ein Engel auf vier Pfoten, der alles und jeden liebte.

Er liebte jeden Erwachsenen, der uns auf der Straße begegnete. Fast alle Erwachsenen liebten ihn zurück und freuten sich, wenn sie ihn trafen. Nur eingefleischte Hundehasser machten einen Bogen um ihn.

Er liebte Kinder. Ich wohne in der Nähe einer Schule. Jeden Tag, wenn wir spazieren gingen, musste er alle Kinder einzeln begrüßen. Selbst Kinder, die Angst vor Hunden haben, waren von seiner Sanftheit und seinem zärtlichen Charme angetan.

Er liebte alle anderen Hunde. Welpen vor allem. Rüden und Hündinnen. Nie hat er einen Streit angefangen. Nie hat er einen angeknurrt oder gar angegriffen. Er ging auf jede Fellnase, die wir trafen, schwanzwedelnd zu.

Er liebte Katzen. Leider liebten die ihn meistens nicht zurück.

Er liebte mich.

Und ich liebte ihn. Auch wenn er keine Intelligenzbestie, sondern ein Tollpatsch war, der überall im Weg stand und über den man jederzeit fallen konnte.

Er war einfach ein riesiger, grau-weißer Engel auf vier Pfoten.

Ein Engel allerdings, der mich mit einer Sache erstaunte und die ich nie verstand. Er kannte die Melodie vom Tatort. Und zwar die Melodie vom Abspann. Als bekennender Fan ist bei mir Sonntagabend Tatortzeit. Pünktlich um viertel vor zehn, genau wenn die Melodie ertönte, stand Balou auf, schüttelte sich und sagte, Tatort vorbei, Zeit für unsere Abendrunde. Das hat er sonst bei keinem Film gemacht. Es hat ihn nicht die Bohne interessiert, was ich im Fernsehen gucke. Alles ließ ihn kalt, nur diese Melodie nicht. Er kannte sie einfach. Bis heute weiß ich nicht, was in seinem Hundekopf vorgegangen sein muss, sich diese Musik zu merken und damit zu verknüpfen, dass wir jetzt die letzte Gassirunde für den Tag drehen.

Vielleicht war er doch keine Kreuzung aus Pony und Erbse, vielleicht war er in einem vorherigen Leben Tatortregisseur.

Was er in seinem jetzigen Dasein ist, weiß ich nicht.

Ich weiß nur, dass er seit über neun Monaten tot ist und ich ihn immer noch unendlich vermisse.

Balou war immer fröhlich und gesund. Ein einziges Mal hat er sich beim Spielen mit einem anderen Hund an der Pfote wehgetan. Das arme Hundilein konnte nicht mehr laufen, nur noch hinken. Ein Besuch beim Tierarzt ergab eine banale Verstauchung und eine Spritze linderte den furchtbaren Schmerz. Nach einem Tag war das Malheur vergessen.

Im Alter von fünfzehn Jahren fing er plötzlich an zu husten. Wenn ihm vom Toben die Zunge aus dem Hals hing, wenn er angestrengt war, wenn er viele Treppen hoch steigen musste. Ein trockener, kleiner Husten, der nur wenige Sekunden dauerte.

Der erste Tierarzt, den ich deswegen besuchte, sagte, der Hund wäre erkältet und das ginge von alleine wieder weg. Der nächste, eine junge Tierärztin, die eine große Praxiseinrichtung abbezahlen musste, stellte den Hund auf den Kopf. Blut abnehmen, Ultraschall, Röntgen von Herz und Lunge. Erwähnte ich schon, dass Hundemenschen exorbitante Tierarztrechungen lieben? Das Ergebnis des Auf-den-Kopf-Stellens war, er hat ein vergrößertes Herz, Mengen an Wasser in der Lunge und die Blutwerte sind bedenklich. Der Hund war quietschvergnügt und hustete dreimal im Monat für Sekunden. Ich müsse ab sofort für hundertfünfzig Euro im Monat spezielle Medikamente bei ihr in der Praxis kaufen. Wenn ich das nicht täte, würde das Tier auf der Stelle tot umfallen. Da ich nicht wollte, dass mein Schatz auf der Stelle tot umfällt, habe ich mir die Medikamente aufschwätzen lassen. Bevor ich ihm aber all die Pillen einflösste, ging ich zu einem dritten Arzt. Einen schon älteren, erfahrenen Viehdoktor mit einem großen Herzen für kleine, hustende Hunde.

Er hörte Balou mit dem Stethoskop ab und sagte, das ist das Alter. Das Herz ist nicht mehr jung und dann husten die schon mal ein bisschen. Sie brauchen keine Pillen geben. Machen Sie ein wenig langsamer mit dem Tier und freuen sich, dass er immer so vergnügt ist. Mir rutschte bei dieser Nachricht mein auch nicht mehr junges Herz in die Hose und es wurde mir klar, dass die vielen Jahre mit meinem besten Freund, die gemeinsamen Tage und Erlebnisse, die ungezählten Stunden, die ich mit ihm verbracht und ganz selbstverständlich in seiner Gesellschaft genossen hatte, irgendwann zu Ende gehen würden.

Für mich war Balou nicht alt. Er war in meinem Gefühl immer da gewesen und würde genauso immer da sein werden.

An diesem Tag weinte ich das erste Mal um meinen Hund.

Der Husten, der im Winter zuerst aufgetreten war, legte sich im Frühling wieder. Balou war fröhlich, kraftvoll und guckte weiterhin interessiert nach den Hundedamen. Manchmal merkte ich, dass er nicht mehr so gut hörte, aber wen stört es schon, wenn *das Gehör nicht perfekt funktioniert, solange der Hund fröhlich und kraftvoll ist. Wir sprachen ohnehin mittlerweile auf eine Weise miteinander, die keiner gesprochenen Worte mehr bedurfte. Ein Handzeichen, Kopfnicken oder Kopfschütteln reichte. Seine Augen waren nach wie vor tiptop. Er war gut zu Fuß. Nur am Fahrrad, wie früher, ließ ich ihn nicht mehr mitlaufen.*

Im Sommer fuhren wir zusammen in Urlaub. Wieder auf die italienische Insel. Diesmal mit Fahrstuhl auf dem Schiff. Balou genoss die Zeit, die wir dort verbrachten, die vielen Spaziergänge am Meer, die gemütlichen Wege durch Olivenhaine und Weinberge, die Liebe, die er von den Menschen auf der Insel, die wir mittlerweile dort kannten, erfuhr. Auf der Heimfahrt, es war Ende Juli und brüllend heiß im Auto, machte ich mir zum ersten Mal wirklich Sorgen um den Hund. Er jappelte und hechelte so stark, dass ich befürchtete, er würde die Fahrt nicht überleben. Ich hielt an jedem Parkplatz, bot ihm zu trinken an und benetzte ihn mit kaltem Wasser. Am Ende war ich froh, als wir gesund zuhause angekommen waren.

Es wurde mir aber zum zweiten Mal klar, dass die Zeit, in der Balou immer da gewesen war, nicht unendlich sein würde. In meine Gedanken schlich sich ein kalter Hauch. Eine Ahnung, dass es mein Herz zerreißen würde, wenn dieses Tier, das ich so liebte, einmal, irgendwann, nur nicht jetzt, aber in absehbarer Zeit, nicht mehr da sein würde.

Der Sommer verging, der Spätsommer kam und der Herbst. Balou war weiterhin fröhlich und vergnügt, fraß gut und gerne und hustete überhaupt nicht mehr. Ich verwöhnte ihn nach Strich und Faden. Sein Essen war bald besser als meins. Wir unternahmen geruhsame Spaziergänge, bei denen ich ihm alle Zeit der Welt ließ, zu schnuppern und seine Freunde zu treffen.

Der Herbst ging in den Winter über. Unsere Spaziergänge wurden noch geruhsamer und der Hund bekam einen neuen Namen. Er hieß jetzt Opi. Immer öfter recherchierte ich im Internet über Hundeopis, ihre Gebrechen, ihre Lebenserwartung und bedrohliche Anzeichen für eine Verschlechterung der Gesundheit.

Das Wissen, dass der Hund jetzt wirklich alt war, begleitete mich jeden Tag. Die Ahnung, dass mein Freund irgendwann, nur nicht jetzt, aber in absehbarer Zeit sterben würde, legte sich wie ein Schatten auf mein Leben. Morgens schaute ich als erstes in sein Körbchen, ob er noch schnaufte. Balou schnarchte und schnaufte gemütlich vor sich hin. Bei unseren Spaziergängen achtete ich darauf, dass er sich nicht übernahm. Balou spielte und freute sich aber nach wie vor an allen Hundebegegnungen.

Er war halt einfach nur ein Hundeopi und lief und spielte wie ein Hundeopi.

Ich konnte gut damit leben, dass es ihm manchmal Mühe machte, aufzustehen, dass er nicht mehr rannte, nur noch trottete und dass sein Gehör schlechter geworden war. Ich konnte aber kaum mit der Vorstellung leben, ihn zu verlieren. Der Schatten der Angst vor dem Tag, der unausweichlich kommen würde, saß rund um die Uhr in meinem Herzen. Der Hund war immer noch fröhlich und vergnügt. Trotz seiner Alterswehwehchen.

Weihnachten kam und Sylvester. Ich weiß noch, dass ich mit meiner Familie darüber sprach, ob er das nächste Sylvester noch dabei sein würde. In einem Monat würde er sechzehn Jahre alt werden und für so einen großen Hund ist das schon mehr als ein biblisches Alter.

Den Neujahrstag haben wir gemütlich zuhause verbracht und ich dachte, dass er das nächste Sylvester bestimmt noch dabei sein würde. Steinalt und langsam zwar, aber weiterhin fröhlich, mit gutem Appetit und bei guter gesundheitlicher Kondition.

Balou hatte ja nichts, außer dass er langsam und steinalt war.

Am zweiten Januar gingen wir wie jeden Tag unsere Runde spazieren. Baloudidudi trottete wie immer sanft wie ein Lamm, jetzt aber langsam wie eine Schnecke hinter mir her, hob ab und zu sein Beinchen, schnupperte in der Gegend herum und tat so, als er mich seit seiner Geburt kennen würde. Wie seit sechzehn Jahren.

Am Nachmittag musste der Hund erbrechen. Hunde kotzen schon mal, das weiß jeder Hundebesitzer. Ich dachte mir nichts dabei und wischte die Bescherung weg.

Am frühen Abend erbrach er wieder. Er hatte an dem Tag und auch den Tag davor nichts Komisches gefressen. Ich machte mir ein bisschen Sorgen. Balou legte sich hin und schlief. Am späten Abend stand er auf und ging zu seinem Wassernapf, um etwas zu trinken. Dass heißt, er wollte zu seinem Napf gehen. Er konnte aber nicht mehr laufen. Er stand auf, taumelte und torkelte, seine Beine brachen unter ihm weg. Er stand wieder auf und versuchte es noch mal. Er taumelte, torkelte und die Beine brachen weg. Er hatte keine Schmerzen und es war auch keine Schwäche aufgrund einer plötzlichen Arthrose oder Kniegelenksverrenkung. Er konnte einfach nicht mehr laufen.

Meine Sorgen verwandelten sich schlagartig in Panik. Ich rief meine Tochter an und bat sie, sofort zu kommen. Ich glaube,

Balou stirbt, sagte ich zu ihr und weinte und wollte es nicht wahrhaben. Wenn meine Tochter käme und wir zum Tierarzt gingen, würde es sich bestimmt als ein vorübergehendes und gut zu behandelndes medizinisches Problem herausstellen.

Balou hatte Durst und wollte weiter zu seinem Wassernapf. Er stand auf, taumelte und fiel mit seinem gesamten Gewicht krachend gegen eine Kommode. Ich wusste, dass der Hund sterben würde und wollte es immer noch nicht wahrhaben.

Ich sagte ihm, er solle liegen bleiben und brachte ihm den Napf. Dankbar schlabberte er Wasser und schaute mich an, als ob er sagen wolle, Frauchen, was ist mit meinen Beinen los. Ich kann nicht mehr laufen, mach das doch bitte wieder heil.

Bis meine Tochter kam, hatte ich mit mehreren Notdiensttierärzten telefoniert. Von, kommen Sie jetzt fünfzig Kilometer weit in die Praxis, damit wir ein MRT machen können, bis hin zu, rufen Sie einen anderen Tierarzt an, ich bin im Feierabend, war alles dabei. Mein Viehdoktor, der mit dem großen Herzen für kleine Hunde, die plötzlich nicht mehr laufen können und dessen private Telefonnummer ich in meiner großen Angst herausgefunden hatte, sagte, Ihr Hund ist alt und wird vermutlich sterben. Lassen Sie ihn in Ruhe, bleiben Sie bei ihm, bieten ihm zu trinken an und warten ab. Vielleicht stirbt er in der Nacht von alleine. Wenn nicht, sehen wir morgen früh weiter.

Ich legte mich auf den Boden zu meinem Hund und versprach ihm, dass, was immer er auch hatte und kommen würde, ich an seiner Seite stehe, für ihn da bin und ihn nicht im Stich lasse. Balou leckte mir die Tränen von den Wangen und seine wachen klugen Augen sagten, dass ich nicht so viel Angst haben soll und alles gut ist, egal was kommen würde.

Ich musste es endlich wahrhaben. Jetzt und heute, spätestens morgen, wäre der endgültige Abschied gekommen. Meine Tränen versiegten und ich wurde innerlich ruhig. So lange hatte ich mich mit diesem Moment beschäftigt, ihn in meinen Ängsten, Sorgen und Schmerzen von allen Seiten betrachtet.

Jetzt war er da, dieser Moment, dieser Tag, diese Stunde.

Er hatte keinen Schwächeanfall oder eine plötzliche Arthrose. Er hatte etwas Schlimmes und er würde daran sterben.

Jetzt war sie da, die Wahrheit.

Niemand kann ewig leben. Auch mein bester Freund nicht.

Ich musste ihn seinen Weg gehen lassen.

Am nächsten Morgen, meine Tochter hatte bei mir geschlafen, fuhren wir zum Tierarzt. Balou konnte überhaupt nicht mehr aufstehen. Er versuchte es auch nicht mehr. Er hatte sein Geschäftchen unter sich gelassen, das kleine und das große, aber nach wie vor keine Schmerzen. Er ließ sich zum ersten Mal in seinem Leben hochheben und die Treppe hinuntertragen.

Beim Tierarzt gab es schnell die Diagnose, dass er einen schweren Schlaganfall erlitten hat. Auf meine Frage, ob man ihm mit einer Zauberspritze helfen und ihn wenigstens einigermaßen wieder auf die Füße stellen könne, erhielt ich die Antwort, dass die Chance dafür bei etwa zehn Prozent liege. Neunzig Prozent wäre die Aussicht, das er mithilfe von Intensivmedizin in der Tierklinik nach einiger Zeit als nicht mehr laufen könnender und für immer unter sich lassender Hund vielleicht wieder heim käme. Meine Entscheidung war klar. Das sollte er nicht erleiden. Auf seine alten Tage in einer fremden Umgebung unter fremden Menschen sein, die ihn mit Intensivmedizin schmerzhaft behandeln, in der Hoffnung, dass er als verstörter trauriger Hund, der nicht mehr laufen, nie mehr spazieren gehen und alleine sein Geschäftchen erledigen kann, vielleicht wieder heim kommt, das wollte ich nicht.

Ich habe nur einen einzigen Herzschlag lang gezögert.

Ich sagte dem Tierarzt, dass ich bereit bin, ihn gehen zu lassen.

Balou ist an diesem trüben Januarmorgen sanft eingeschlafen.

Er starb in meinen Armen und in der Gewissheit, dass ihm in der Nähe von mir, seinem Frauchen, kein Leid geschehen würde.

Jetzt war er fort. Wir tragen ihn ins Auto, ich hielt seinen toten Körper auf dem Schoß und spürte, wie nach einiger Zeit seine Seele davonflog.

Am Nachmittag brachten wir ihn in ein Tierbestattungsinstitut und ich beauftragte, dass er verbrannt und seine Asche auf einer schönen Wiese verstreut werden soll. Ich wollte ihn nicht in einem Grab wissen wie Bella. Ich wollte, dass seine Atome im Frühling auf der Wiese tanzen können. Diese Vorstellung tröstete mich. Er wäre zwar fort und nicht mehr bei mir, aber in gewandelter Form dennoch weiter auf der Erde.

Meine Tochter fuhr nach Hause zu ihrer Familie und ich war allein.

Das Schlimmste war geschehen. Das, womit ich mich seit fast einem Jahr beschäftigt und wovor ich all die Zeit Angst gehabt hatte. Der Schatten, der mich in all den Monaten begleitete hatte, war Realität geworden. Der Hund war tot.

Ich legte mich zu seinem Korb, roch an seiner Decke und dachte, dass ich jetzt bitterlich weinen müsste. Aber ich fühlte nichts. Absolut nichts. Nur eine große Leere. Innere und äußere Leere.

Als es dunkel wurde, und im Januar wird es früh dunkel, verkroch ich mich in mein Bett und schlief.

Der erste Tag nach seinem Tod verging für mich wie im Nebel. Ich aß eine Kleinigkeit und mein Herz schlug. Mehr nicht. Ich lag bei seinem Körbchen und atmete den Geruch seiner Decke ein. Seinen Duft. Ich wollte keinen sehen und niemanden sprechen.

Der zweite Tag verging genauso. Zwischendurch erfasste mich das Bedürfnis, dass ich jetzt, wo ich nicht wusste, wo er hingegangen war, auch dorthin wollte. Natürlich war mir klar, dass er tot war, aber wenn er tot war, wollte ich bei ihm sein, mit ihm tot sein. Ein Leben ohne ihn schien mir nicht möglich. Ich ließ die Gedanken und Gefühle zu und sie gingen vorüber.

Am dritten Tag kamen die Tränen. Ich hatte mich gezwungen, vor dem Frühstück, so wie immer, zuerst eine Morgenrunde zu laufen. Ich ging den Weg durch den Park, den wir jeden Morgen gemeinsam gegangen sind. Ich brauchte für diesen Weg, den wir sonst in zwanzig Minuten gelaufen sind, zwei Stunden. Ich blieb alle paar Meter stehen und wartete auf meinen Opi. Ich vermutete ihn im Gebüsch oder bei einer Hundedame. Das Warten half nicht, er war nicht im Gebüsch oder bei einer Hundedame. Er war fort und würde nie mehr kommen. Ich würde diesen Weg für immer alleine gehen müssen. Blind vor Tränen und unerreichbar für den Rest der Welt in meinem Schmerz gefangen, hatte ich keinen Blick für seine Hundefreunde, die natürlich weiterhin mit Herrchen oder Frauchen in dem Park ihre Runden drehten.

Erst am vierten Tag konnte ich erzählen, dass mein Hund nicht mehr da ist. Seine Hundefreunde streicheln und mit ihnen schmusen, konnte ich nicht. Noch nicht.

Am fünften Tag kamen die Schuldgefühle. Hatte der Tierarzt Recht oder habe ich ihm zu schnell vertraut. Hatte Balou wirklich einen Schlaganfall oder nur ein Gleichgewichtsproblem und eine Schwindelattacke erlitten? Ich hätte noch andere Tierärzte konsultieren sollen. Ich hätte ihn intensivmedizinisch behandeln lassen sollen. Vielleicht wäre er wieder ganz gesund geworden. In meiner Trauer fuhr ich zu dem Tierarzt und stellte ihm diese Fragen. Er erzählte mir von einem ebenso alten, großen Hund, der bis zum letzten Tag seines Lebens fröhlich war und dann plötzlich die gleichen Symptome zeigte. Da es der eigene Hund des Tierarztes war, hat er mit seinem Wissen und seinen Möglichkeiten das Tier behandeln können. Zwei Tage zeigte sich eine leichte Besserung. Am dritten Tag lief der Hund, schreiend wie ein Mensch mit großen Schmerzen, gegen die Wände und musste dann doch schnell erlöst werden. Unter Tränen gestand mir der Tierarzt, dass er sich sein Zögern und das daraus entstandene Leid seines Hundes, nie in seinem Leben verzeihen würde. Diese

Geschichte, so schrecklich sie war, tröstete mich ein wenig und nahm mir einen Teil meiner Schuldgefühle.

Ich hatte richtig entschieden. Ich hatte mich aus Liebe entschieden. Ich war keine Mörderin, die, nur weil der Hund ein bisschen krank ist, sich ihm entledigen will. Balou war nicht ein bisschen krank gewesen. Er war sehr sehr alt und hatte einen Schlaganfall. Jede medizinische Behandlung hätte, selbst wenn er sie überlebt hätte, ihm nur Leid gebracht, ihn zu einem nicht mehr hundegerechten Leben verdammt. Meine Liebe zu meinem Hund hatte mich diese Entscheidung treffen lassen.

Eine Woche nach seinem Tod rief ich das Bestattungsinstitut an und erfuhr, dass er verbrannt war. Das tröstete mich auch. Die Vorstellung, dass sein Körper irgendwo, weit weg von mir, liegen würde und ich nicht bei ihm sein konnte, hatte mich die ganze Woche gequält. So wusste ich, er ist nicht mehr da. Er ist von der Erde verschwunden und niemand kann ihm noch etwas zuleide tun.

Die zweite Woche verbrachte ich damit, die Bürokratie zu erledigen und den Hund überall abzumelden. Bei der Haftpflichtversicherung, der Stadt und bei Tasso. Ich hatte mir angewöhnt, weiter meine Hundewege zu laufen. Als Hundebesitzer ist man ja gezwungen, bei Wind und Wetter spazieren zu gehen.

Morgens, mittags und abends. Ich wollte nicht zu einer faulen Sofakartoffel werden. Jeden Tag dehnte ich die Wege weiter aus. Zuerst ging ich nur die Wege, die wir hundertmal zusammen gegangen waren. Immer mit Tränen und in der Hoffnung, ihn noch irgendwo zu sehen oder zu finden. Nach ein paar Mal die Wege gehen, die ich mit ihm gegangen war, ließen die Tränen nach. Bis heute, neun Monate später, ergeht es mir so. Jedes Mal, wenn ich zum ersten Mal irgendwo bin, wo wir einmal zusammen waren, fließen die Tränen. Es ist wie ein Abschiedsritual.

Ich suche ihn immer noch überall. Auch wenn ich weiß, dass ich ihn nicht finden kann, wenn ich weiß, dass er tot ist, kann ich ihm dadurch nahe sein und spüren, dass die vielen Jahre mit ihm kein Traum waren. Ein schöner Traum mit einem wunderbaren Hund an meiner Seite.

Mittlerweile bin ich an jedem Ort, wo wir zusammen waren, gewesen. An fast jedem Ort. Balou ist in mein Herz umgezogen. Die schmerzhafte Sehnsucht nach ihm lässt nach. Meine Liebe wird für immer bleiben.

Kurz nach seinem Tod habe ich die Worte, Trauer ist die Antwort der Liebe auf den Tod gelesen, und heute weiß ich, dass das stimmt. Die Trauer, die in den ersten Tagen unerträglich ist und sich im Lauf der Zeit ihren Weg sucht, durch besondere

Rituale und alle Gefühle, die durchlebt werden wollen, sie ist da. Sie nimmt sich ihr Recht, da zu sein. Sie lässt sich nicht beiseite drücken. Zuerst scheint sie wie ein schwarzer Stein. Ein Stein, der sich auf das Leben gelegt hat und jede Freude nimmt. Sie zieht ihre Kreise in sonderbaren Ringen. Sie braucht Zeit. Viel Zeit. Sie kommt und geht, das Leben scheint leichter und dann ist der schwarze Stein plötzlich doch wieder da. In einem unbeobachteten und nicht erwarteten Moment. Es bleibt einem nichts übrig, als es so zu akzeptieren und sich die Zeit zu geben, durch sie hindurchzuwandern.

Stunde um Stunde. Tag um Tag. Trauer braucht Zeit und sie ist die Antwort der Liebe auf den Tod.

Für uns Hundemenschen sind unsere Fellnasen uns genauso wichtig und nahe wie Familienmitglieder. Wir müssen uns nicht schämen, wenn wir traurig sind. Sehr lange traurig sind und wunderliche Gedanken und Gefühle durchleben. Wir können es nicht ändern, dass sie nicht so alt werden wie wir, dass sie vor uns gehen, aber wir können zu unserer Liebe, die natürlich über den Tod hinaus andauert, stehen und sagen: Mein Hund ist gestorben und hat das ganze Weltall mit sich genommen. Ich bin allein, es gibt keinen Trost, er war mein bester Freund und jetzt ist er fort.

Hundemenschen verstehen das und Nichthundemenschen eben nicht.

Balous Schlafkörbchen, seine Kuscheldecke, der Napf, die Spielsachen, das Halsband und die Leine lagen an ihrem Platz und wurden erst nach und nach weggeräumt. Zuerst brachte ich das restliche Futter zu meiner Tochter. Sie hat auch einen Hund und der freute sich über das gute Essen. Dann war der Napf dran. Es gab keinen Hund mehr, der daraus fressen wollte. Körbchen und Spielsachen habe ich verschenkt. Die Leine habe ich weggeworfen, sie war alt und kaputt. Das Halsband hat zur Erinnerung einen besonderen Platz in meinen Sachen gefunden. Nur die Decke, die er mit seinen Suppentellerpfoten immer zum gemütlichen Schlafen nach seinen genauen Vorstellungen zusammengeknüllt hat, diese alte Decke mit seinem Geruch, die habe ich noch nicht gewaschen.

Manchmal schnuppere ich daran und schäme mich nicht meiner Tränen, die laufen. Er ist dann für einen Augenblick wieder da.

Mein grau-weißes Monster, mein Erbsengehirn, mein sanftmütiger Tollpatsch, mein Freund und Beschützer, mein über alles geliebter und schmerzhaft vermisster Hund.

Kein anderer Hund würde ihn je ersetzen können. Die erste Zeit nach seinem Tod nahm ich Hunde nur als Begleiter von Menschen wahr, die das Glück hatten, dass ihr Hund noch nicht gestorben war. Ich konnte sie nicht streicheln oder mit ihnen spielen. Sie erinnerten mich nur an meinen Verlust. Ich hatte zu viel Sehnsucht nach meinem Balou, als dass daraus der Wunsch nach einem anderen, einem neuen Hund hätte entstehen können.

Zum Glück hielt diese Phase nur kurz an. Bald konnte ich mich wieder an Begegnungen mit Hunden erfreuen. Selbst seine alten, vertrauten Hundekumpels konnte ich wieder streicheln und lieb haben.

Etwa fünf Monate nach seinem Tod begann ich, mich nach einem neuen Hund umzusehen. Natürlich sollte es so ein Hund sein wie Balou. Ebenso groß, ebenso grau-weiß, ebenso ein Bobtail-Collie-Mix. Immer wenn ich im Internet auf den Seiten von Tierheimen oder Tiervermittlungen einen Hund fand, der ebenso aussah, fing ich an zu weinen und wusste plötzlich, dass ich keinen neuen Hund, sondern nur meinen Balou suchte. Ich war mit der Trauer überhaupt noch nicht so weit, mir einen neuen Hund zuzulegen. Ich akzeptierte das, ließ es ruhen und durchwühlte nicht mehr das Internet.

Zwei Monate später dachte ich darüber nach, ob es nicht

vielleicht besser ist, wenn ich mir einen Handtaschenhund hole. Einen, der mich in meinem Alter und als zierliche Frau nicht im Überschwang der Gefühle oder pubertär gesteuert, umreißen würde und den ich mir auf Treppen unter den Arm klemmen könnte. Ich suchte also im Internet bei allen Tierheimen und Tiervermittlungsstellen nach dem genauen Gegenteil von Balou. Ich musste zwar nicht weinen, wenn ich einen fand, der niedlich aussah, aber der Funke ist nicht übergesprungen. Ich akzeptierte das und ließ es ruhen.

Dann besuchte ich meinen Sohn. Wir unternahmen eine Rundreise dort in dem Land, wo er schon lange wohnt. Wir übernachteten in einem Hotel und ich verliebte mich. Es war Liebe auf den ersten Blick. Die Hotelbesitzerin hatte das Wesen auf der Straße aufgelesen. Es war ein Hundebaby, drei Monate alt mit Füßen groß wie Suppenteller, aber sonst keinerlei Ähnlichkeit mit Balou. Rasse unbekannt, bunt gefleckt wie eine Kuh, Benehmen wie ein normales Hundebaby. Er lief hinter mir her, kletterte auf meinen Schoß, schlabberte mich ab und biss mir mit seinen spitzen Milchzähnchen Löcher in die Arme. Ich wollte ihn haben. Ich wollte ihn mitnehmen. Ich wollte mein Leben mit ihm verbringen und ihn zu einem glücklichen Hund machen. Ich kümmerte mich um die Bedingungen, unter denen es möglich ist, ein Hundebaby aus einem anderen, weit entfernten Land nach Deutschland zu importieren. Es war zu schwierig. Der Hund hätte erst dort und dann hier in Quarantäne gemusst. Ich hätte lange auf ihn warten müssen und ihn dann als verwirrten Junghund irgendwo abholen können. Auch da siegte die Liebe. Es war zwar nur eine auf den ersten Blick, keine sechzehn Jahre lang gewachsene, aber es war Liebe. Ich wollte das dem Hund, nur weil ich ihn haben wollte, nicht antun. Er hatte es gut in dem Hotel, die Besitzerin ist auch ein Hundemensch, er wird es dort immer gut haben. Ich bin also ohne Hund zurückgeflogen. Und ohne Hund bin ich heute noch.

Meine Sehnsucht nach einem neuen Hund wächst zwar von Tag zu Tag, aber ich vertraue darauf, dass mir am richtigen Ort und zur richtigen Zeit der richtige Hund über den Weg laufen wird. Es wird nicht Biene sein und nicht Bella, schon gar nicht Balou. Es wird ein neuer Hund sein, ein ganz anderer Hund. Groß oder klein, Junge oder Mädchen, ein sanfter Riese oder ein Handtaschenhund, schwarz oder weiß oder grün getupft.

Eine der vielen Fellnasen, die es auf der Welt gibt, wird schon den Weg zu mir finden. Und ich den zu ihr. In der Zwischenzeit genieße ich meine Freiheit und freue mich aber schon auf den Tag, an dem wieder Erdklümpchen in meinem Bett sind und

Millionen von Haaren auf dem Teppich und dreckige Pfotenabdrücke in der Küche. An dem ich durch Rücksichtnahme auf die Bedürfnisse meines dann neuen, besten Freundes, auch wenn er bellt und stinkt und manchmal Unfug macht, endlich wieder behindert werde.

Was mich nach wie vor und immer weiter beschäftigt, ist die Frage, wohin Balou ohne mich gegangen ist. Ich bin nicht religiös und schon gar nicht esoterisch veranlagt und habe zu dem Rätsel, wohin Lebewesen nach dem Tod gehen, natürlich auch keine Antwort.

Vielleicht ist Balou einfach nur tot. Sein Körper ist zu Asche und Staub verweht, sein besonderes Wesen, so wie er im Leben war, ist von der Erde verschwunden und außer ein paar herumfliegenden Atomen nichts von ihm geblieben. Es gibt nur noch die Erinnerung an ihn.

Solange ich lebe.

Solange andere, die ihn auch liebten, leben.

Vielleicht ist er doch über diese Regenbogenbrücke gegangen und wartet, fröhlich auf einer Hundewiese tobend, dort auf mich. Ein schönes und tröstliches Bild.

Ich kann mich damit nicht trösten. Jedenfalls nicht auf Dauer.

Ich habe, als er die Spritze vom Tierarzt bekommen und sein Herzchen aufgehört hatte, zu schlagen, er also im medizinischen Sinne verstorben war, seinen Körper in meinen Armen gehalten und kurz darauf gespürt und gefühlt, dass etwas diesen Körper verlässt.

Etwas Unsichtbares, etwas nicht Greifbares, etwas Durch-

sichtiges, etwas was sich unserem Wissen entzieht und jenseits aller medizinisch erklärbaren Tatsachen liegt. Das gleiche Erlebnis und Gefühl hatte ich, als Bella eingeschläfert wurde. Auch aus ihrem kleinen, nur acht Kilo schweren Körper ist etwas davongeflogen. Ich habe mir das nicht eingebildet. Es war real.

Das Herz stand still, der Körper war medizinisch gesehen tot und ihre Seele ist davongeflogen.

Wohin auch immer.

Ich glaube, in den Hundehimmel.

Ob es dort Wiesen gibt, auf der unsere verstorbenen Fellnasen fröhlich herumtoben, weiß ich nicht. Ob dort riesige Näpfe mit bestem Fleisch überall herumstehen, die sie den ganzen Tag ausschlecken dürfen, weiß ich nicht. Ob sie in ihrer alten Gestalt dort auf uns warten, weiß ich auch nicht.

Ich weiß nur, dass es ein guter Ort ist.

Ein Ort, wo niemand unseren geliebten Hunden etwas zuleide tut.

Ein Ort, wo sie keine Schmerzen haben.

Ein Ort, wo sie, in welcher Form auch immer, nicht alleine sind.

Und ein Ort, wo sie ohne Trauer an uns zurückdenken.

Ich will, wenn ich sterbe, auch in diesen Hundehimmel.

77

Ich brauche keine harfespielenden pausbäckigen Engel.

Ich brauche Leben in der Bude, das Leben, das nur ein Leben mit einem Hund allen Hundemenschen bringt.

Ein gutes, gesundes, jeden Tag an der frischen Luft spazieren gehendes Leben, in dem man nie alleine ist. In dem immer jemand, der uns mag und der sich freut, wenn wir heimkommen, auf uns wartet. In dem uns jemand bedingungslos liebt. Egal, ob wir arm oder reich, krank oder gesund sind. Egal, ob wir jung und hübsch oder alt und faltig sind. In dem einer durch dick und dünn mit uns geht. In dem uns einer beschützt und unser Leben notfalls mit seinem eigenen Leben bezahlen würde. In dem ein rundherum haariges, sabberndes, bellendes und manchmal auch undefinierbar stinkendes Wesen uns genauso wichtig ist wie der Rest unserer Familie. All das brauche ich.

Und dazu brauche ich ein Leben, in dem ich lernen darf, dass der Tod zum Leben gehört und Trauer nicht unendlich währt. Eben ein Leben mit Hund.

Einem Hundi-Spundi, wie Balou einer war und der im Hundehimmel hoffentlich nicht lesen gelernt hat, und jetzt dort all diese Worte, die ich aus Liebe zu ihm und Dankbarkeit dafür, dass er mich solange gesund und immer vergnügt durch mein Leben begleitet hat, in diesem Buch liest.

*Machs gut, mein grau-weißer Engel auf vier plüschigen Pfoten,
wir sehen uns im Hundehimmel wieder.*

Ich bin mir hundert Prozent sicher.

Weitere Tierbücher der Autorin

Süßes Schnitzel Winnifred
ISBN 978-3-8482-2968-0
Winnifred, die Hauptperson der Erzählung, schildert aus seiner Sicht und Erlebniswelt ein Schweineleben in der Massentierhaltung von der Geburt bis zur Schlachtung. Winnifred ist ein lustiges, freches und ziemlich cleveres kleines Ferkel, das mit seinen Geschwistern und Freunden uns Menschen zum Lachen und Nachdenken bringt.

Fräulein Spatz will nach Rom, um die Römer zu fragen, warum sie kein Dach über das Kolosseum gebaut haben
ISBN 978-3-7448-7190-7
Das Spatzenfräulein Agrippina wohnt mit ihren Eltern und Brüdern im römischen Amphitheater von Trier. Keiner versteht, dass sie immer friert. Um zu erfahren, warum die Römer kein Dach über ihr Kolosseum gebaut haben, beschließt sie, nach Rom zu fliegen. Auf ihrer Reise begegnet sie allerlei Tieren, die ihr helfen, den für einen kleinen Spatzen weiten Weg zu finden. Sie besteht viele Gefahren und hoch in den Alpen wird sie von einem Steinbock aus Lebensgefahr gerettet. Agrippina schafft es tatsächlich, bis nach Italien zu fliegen. Neben ihrem Herzenswunsch, nicht mehr zu frieren, findet sie dort auch noch auf andere Weise ihr Glück.